¿QUÉ ES UN REFUGIADO?

ELISE GRAVEL

Traducción de ADOLFO MUÑOZ

ANAYA

Un refugiado es una persona
igual que tú y yo.

Los refugiados han tenido que huir de su país porque estaban en peligro.

Algunos han huido
porque su país estaba en guerra.

Otros han tenido que irse
porque a los poderosos
no les gustaba
lo que pensaban
o decían y les querían
hacer daño.

Otros tuvieron que irse porque
los demás no aceptaban su religión,
o los odiaban por ser distintos.

La mayoría de los refugiados
habría preferido quedarse
en su país con sus amigos
y su familia. Pero era demasiado
peligroso.

Además, muchas veces sus casas
son destruidas y ya no les queda nada.

Los refugiados tienen que buscar
otro país para vivir, y eso no es fácil.

Hay países que no quieren
recibir más refugiados.

Mientras esperan a que un nuevo país los acoja, muchos tienen que permanecer en campos de refugiados, donde la vida es dura.

Los refugiados tienen suerte
si pueden encontrar un país donde
llevar una vida normal
y hacer cosas normales,

como ir al colegio y tener amigos,

trabajar,

vivir en paz y seguridad.

Igual que tú y yo.

HABLAN NIÑOS REFUGIADOS

Mientras escribía este libro, conocí a algunos niños refugiados y les pedí que me hablaran sobre ellos mismos. Esto es lo que me dijeron:

«Me llamo Ayla. Tuve que irme de Siria por la guerra. Me gusta dibujar con mi hermana. Hacemos cómics divertidos».

«Soy Majid. Vengo de Sudán. Había guerra. Soy muy bueno jugando al fútbol. Podría jugar todo el día».

«Me llamo Roseline. Mi familia es de Haití. Mi abuela y dos de mis primos no pudieron venir con nosotros. ¡Los echo mucho de menos!».

«Me llamo Musa.
Vengo de Afganistán.
Me gustan los videojuegos,
sobre todo, Fortnite. Mis
padres piensan que juego
demasiado».

«Me llamo Nala, y salí
de Somalia porque
había guerra y sequía.
Lo que más me gusta
de mi nuevo país es
Halloween. Allí no había».

«Me llamo Sebastián,
y vivía en Cuba. No pudimos
seguir viviendo allí porque
mis padres no están de
acuerdo con el Gobierno.
Cuando sea mayor, quiero
ser veterinario porque
me gustan los animales».

REFUGIADOS FAMOSOS

La familia de MADELEINE ALBRIGHT se fue de Checoslovaquia huyendo de los nazis. En 1948, cuando Madeleine tenía once años y los comunistas tomaron su país, volvieron a huir, esta vez hacia Estados Unidos. A la edad de sesenta años, se convirtió en la primera mujer secretaria de Estado en Estados Unidos.

BOB MARLEY, la estrella del *reggae*, tuvo que huir de su amada Jamaica porque en 1976 intentaron matarlo personas a las que no les gustaban sus ideas políticas. Se curó de las heridas en las Bahamas, y después se fue a Inglaterra, donde grabó más éxitos *reggae*.

Nacida en Pakistán, MALALA YOUSAFZAI luchó por el derecho de las niñas paquistaníes a ir al colegio. Cuando tenía quince años, le disparó alguien a quien no le gustaba lo que ella defendía. Huyó a Inglaterra, donde sigue defendiendo el derecho de las niñas a la educación, y en 2014 recibió el Premio Nobel de la Paz.

ALBERT EINSTEIN dejó la Alemania nazi en 1932, cuando los judíos como él estaban siendo perseguidos, y encontró refugio en Estados Unidos. Sus teorías sobre la luz, la materia, la gravedad, el espacio y el tiempo han cambiado completamente nuestra manera de comprender el universo.

Siendo niña, ANA FRANK y su familia huyeron de Alemania a Holanda escapando de los nazis. Durante dos años se escondieron en el ático de un edificio, tras una estantería, pero al final los encontraron. Aunque Ana murió en un campo de concentración, el diario que escribía sigue vivo, y ha sido publicado en todo el mundo.

LUOL DENG y su familia tuvieron que dejar Sudán del Sur cuando él tenía cinco años y estalló una guerra civil. A los catorce llegó a Estados Unidos, ¡donde se convirtió en una estrella de la NBA!

La familia de FREDDIE MERCURY huyó de Zanzíbar en 1964, cuando él era adolescente, escapando de una revolución violenta. Se convirtió en estrella del *rock*, y su grupo, Queen, sigue haciéndonos bailar y cantar.

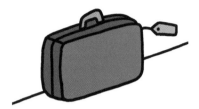

Título original: *What is a Refugee?*
Publicado por primera vez en Estados Unidos por Schwartz & Wade Books,
sello editorial de Random House Children's Books,
división de Penguin Random House LLC.

1.ª edición: septiembre de 2020

© Del texto y de las ilustraciones: Elise Gravel, 2019
Publicado por acuerdo con Random House Children's Books,
división de Penguin Random House LLC.
© De la traducción: Adolfo Muñoz García, 2020
© Grupo Anaya, S. A., 2020
Juan Ignacio Luca de Tena, 15. 28027 Madrid
www.anayainfantilyjuvenil.com
e-mail: anayainfantilyjuvenil@anaya.es

ISBN: 978-84-698-6630-6
Depósito legal: M-7111-2020
Impreso en España - Printed in Spain

PAPEL DE FIBRA
CERTIFICADO